# Curieux de savoir
## AVEC LIENS INTERNET

# Table des matières

## Qui a inventé les jeux de ficelle ?

Les jeux de ficelle existent depuis l'**Antiquité**.
On les pratique un peu partout dans le monde,
mais on ignore qui les a inventés. @

> **Antiquité :**
> l'Antiquité est la période de temps qui a suivi
> la préhistoire et qui a pris fin en 476,
> avec le début du Moyen Âge.

- Pourquoi les jeux de ficelle ont-ils été inventés ? @

- Combien de figures différentes peut-on effectuer ? @

- Comment apprend-on à créer des figures nouvelles ? @

- Peut-on jouer à plusieurs ? @

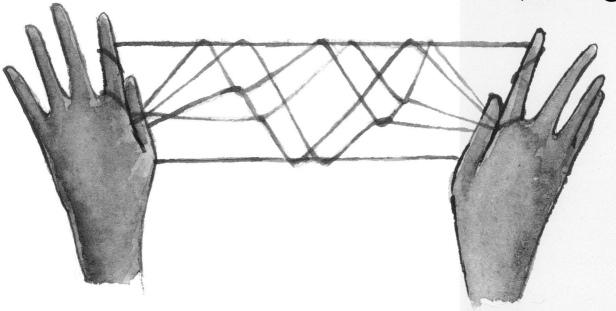

> **Inuits :**
> les Inuits vivent dans les régions nordiques.
> Le mot singulier est inuk, qui signifie « homme ».

Chez les **Inuits**, les conteurs illustraient leurs histoires par des jeux de ficelle
appelés *ajaraq*.
La légende que tu vas lire dans les pages suivantes raconte l'origine
de ces jeux de ficelle.

# Ajaraq
## la petite fille
## aux doigts qui dansent

Conte de Jacques Pasquet
Illustré par Gabrielle Grimard

Chez les **Inuits**, la longue nuit
d'hiver commence. Sœur-Soleil
s'est réfugiée une dernière fois
de l'autre côté de l'horizon.
Elle et Frère-Lune ne monteront plus
dans le ciel pendant plusieurs mois.

Désormais, la vie du **clan** se passe
dans l'iglou. Les hommes,
les femmes et les enfants doivent
patienter en attendant le retour
de la lumière.

**clan :**
un clan est formé de personnes qui partagent
le même mode de vie.

Les tâches quotidiennes accomplies,
c'est le moment des jeux.
Les hommes **rivalisent** entre eux
pour montrer leur force et leur adresse.

> **rivalisent :**
> ceux qui rivalisent luttent entre eux
> pour prouver leur supériorité.

Les femmes se lancent des défis
dans des **joutes** de chant.
Le plaisir et les rires résonnent
dans l'iglou.

> **joutes :**
> les joutes sont des jeux durant lesquels
> chacun essaie de montrer qu'il est meilleur
> que les autres.

Sur un coin de la plateforme
de couchage, Ajaraq est toute seule.
Elle n'aime pas beaucoup jouer.
Allongée sur sa peau d'ours,
elle observe ce qui se passe.
Personne ne s'occupe d'elle.

Ajaraq est orpheline. Ses parents
sont morts après s'être perdus
dans la toundra, pendant une terrible
tempête de neige. Elle aimerait
ne pas être différente des autres
enfants. Mais le destin en a décidé
autrement.

**destin :**
le destin représente les événements à venir
dans la vie d'une personne.

C'est Tertiluk, son grand-père,
qui prend soin d'elle. Avec lui,
elle se sent bien. Tertiluk parle peu,
mais son regard est rempli
de tendresse et d'affection
pour sa petite-fille. Il lui a appris
ce qu'il faut savoir pour ne pas
mourir de faim ou de froid.

Ajaraq coud les peaux du **kayak**
de son grand-père plus rapidement
que n'importe quelle autre femme
du clan. Elle veut que Tertiluk
soit le plus rapide sur l'eau
quand il part chasser le phoque.

**kayak :**
le kayak est un bateau léger, en peau de phoque,
que les Inuits utilisent pour chasser sur l'eau.

Ajaraq rêve de faire quelque chose
que personne de son clan n'a encore
jamais fait. Pendant que les chants
et les jeux se poursuivent, elle ferme
les yeux.

La petite fille pense à ses parents.
Un souvenir lui revient. Elle voit
sa mère, assise devant la tente,
en train de lui apprendre à tisser
les **tendons** de caribou pour coudre
les peaux. Cette image l'inspire.

**tendons:**
ce sont les tendons qui relient
l'extrémité des muscles aux os.

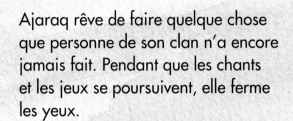

Soudain, alors que personne
ne s'y attend, un cri résonne
dans l'iglou. Les chants et les jeux
cessent sur-le-champ. Toutes les têtes
se tournent vers la plateforme
de couchage. Ajaraq se tient debout,
un long fil à coudre au bout
des doigts.

— C'est à mon tour de jouer ! lance-t-elle.
Et ce jeu, personne d'autre que moi
ne le connaît.
Un immense éclat de rire éclate
dans l'iglou. Sans se décourager,
Ajaraq invite son grand-père
à la rejoindre. Elle lui demande
de raconter comment il a tué
son premier ours.

Pendant que Tertiluk parle,
les doigts d'Ajaraq commencent
à jouer avec le fil à coudre.
Les autres voient alors se dessiner
sous leurs yeux le kayak dans lequel
le vieil homme est embarqué. Ils
aperçoivent les **icebergs** qu'il frôle.
Ils assistent à son combat avec l'ours.

**icebergs :**
les blocs de glace qui se détachent d'un continent
et qui flottent sur la surface de la mer sont appelés
icebergs.

Le récit est terminé. Ajaraq regarde
fièrement son grand-père.
Tertiluk la prend dans ses bras
pendant que les autres lui demandent
de raconter une autre histoire.
Ils veulent encore voir danser
les doigts d'Ajaraq.

À partir de ce jour, Ajaraq n'est plus jamais restée seule sur la plateforme de couchage. Elle avait atteint son rêve : faire ce que personne d'autre n'avait fait avant elle. Chacun voulait jouer avec elle. On l'appelait la petite fille aux doigts qui dansent.

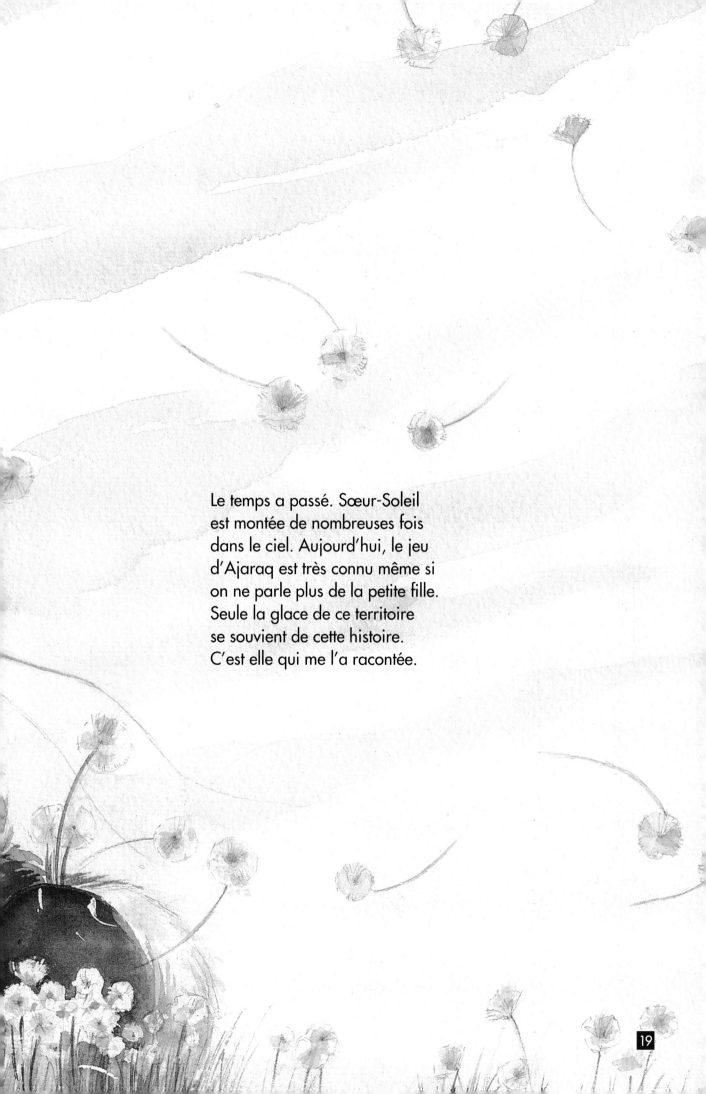

Le temps a passé. Sœur-Soleil
est montée de nombreuses fois
dans le ciel. Aujourd'hui, le jeu
d'Ajaraq est très connu même si
on ne parle plus de la petite fille.
Seule la glace de ce territoire
se souvient de cette histoire.
C'est elle qui me l'a racontée.

Les jeux de ficelle des Inuits racontent leur mode de vie.
Voici quelques-unes des figures les plus connues.

**1** Le traîneau tiré
par les chiens
La partie de gauche
représente le traîneau.
Celle de droite montre
l'éventail formé par
l'attelage de chiens.

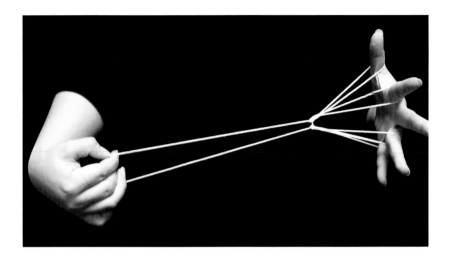

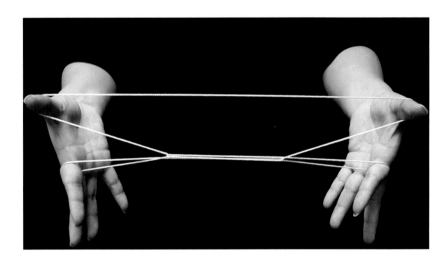

**2** Le bol
de nourriture
Les pouces tiennent
la partie supérieure
du bol. Le bas de la figure
représente la surface
sur laquelle on pose le bol.

**3** Le filet de pêche
Les mailles du filet
sont bien dessinées
dans cette figure.

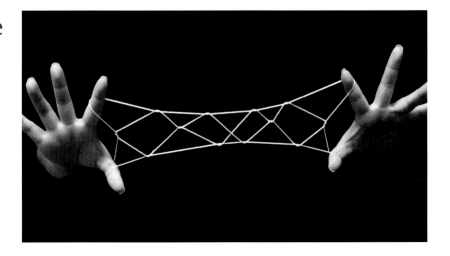

### 4 Le poisson
À gauche de la figure, on reconnaît la queue du poisson. La partie de droite représente sa tête.

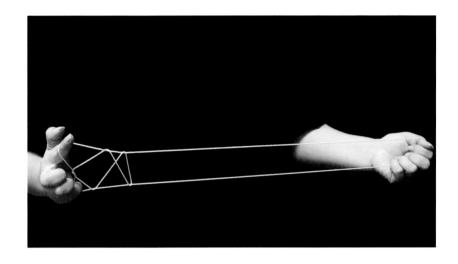

### 5 La lampe à huile
Les index tiennent les extrémités de la lampe. Les pouces retiennent la base sur laquelle on pose la lampe.

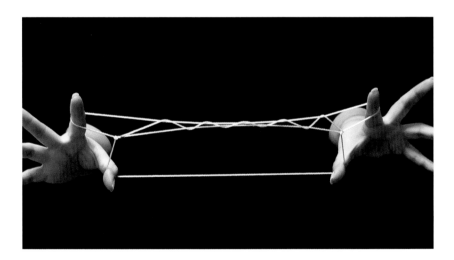

### 6 Les maisons
Deux maisons au toit pointu sont placées côte à côte dans cette figure.

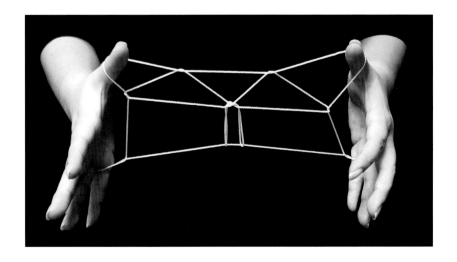

Les chiens ont joué un rôle important dans la vie des Inuits, à l'époque où ceux-ci étaient nomades.
Attelés à un traîneau, ils tiraient des charges qu'un homme seul n'aurait pas pu transporter.
Les chasseurs se fiaient à l'odorat des chiens. Ceux-ci pouvaient parcourir de grandes distances sans se perdre. @

Pendant longtemps, le phoque et le caribou ont été la nourriture de base des Inuits.
Pour couper la viande, les femmes se servaient d'un *ulu*.
Ce couteau à lame ronde était aussi utilisé pour gratter les peaux. @

Dès la fin de l'automne et pendant tout l'hiver, les Inuits pêchaient sous la glace.
Aujourd'hui encore, ils tendent leurs longs filets entre deux trous creusés à plusieurs mètres de distance.

Le poisson est un
des aliments préférés
des Inuits.
Ils le mangent cru,
congelé ou séché. @

Autrefois, les Inuits utilisaient une lampe
pour s'éclairer, se chauffer et cuisiner.
Cette lampe, appelée *qulliq*, était sculptée
dans la **stéatite**. On y faisait brûler
de l'huile de phoque ou de béluga. @

> **stéatite :**
> la stéatite est une pierre lourde
> mais facile à sculpter.
> On l'appelle aussi pierre à savon.

De nos jours, la plupart des Inuits
du Nunavik habitent des maisons
chauffées au mazout et éclairées
à l'électricité.
Ces habitations modernes ont
remplacé les tentes de peau
qui servaient d'abri en été
et les **iglous** qu'on fabriquait
en hiver. @

> **iglous :**
> en inuktitut, le mot iglou signifie « maison ».

# Imagine

**Les Inuits pratiquaient les jeux de ficelle uniquement durant les longues nuits d'hiver.** Ils attendaient que le soleil disparaisse totalement car ils craignaient qu'il se retrouve emprisonné dans leur ficelle et qu'il se coupe en essayant de se libérer. @

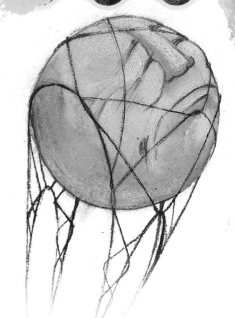

**Les aînés transmettaient les jeux de ficelle qu'ils avaient appris de leurs grands-parents.** Cette tradition se poursuit encore de nos jours. Cette photo a été prise à **Aupaluk**. On y voit Mitiarjuk Nappaaluk de **Kangiqsujuaq**, Emily Airo de **Kangirsuk** et Daisy Watt de **Kuujjuaq** qui exécutent des jeux de ficelle appris lorsqu'elles étaient petites filles.

**Aupaluk, Kangiqsujuaq, Kangirsuk, Kuujjuaq** sont quatre des quatorze communautés inuites situées sur le territoire du Nunavik.

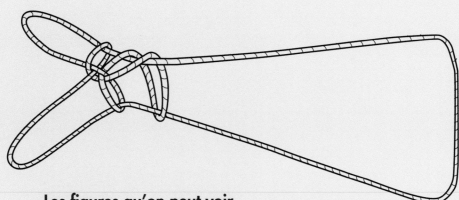

**Les figures qu'on peut voir dans les jeux de ficelle inuits sont parmi les plus belles et les plus difficiles à exécuter.** On y retrouve des objets, des humains et des animaux comme *Ukaliq*, le lièvre arctique. @

**Les Inuits utilisaient des tendons ou des lanières de cuir pour fabriquer leur ficelle.**
Ailleurs dans le monde, on se servait des plantes ou de l'intérieur de l'écorce des arbres.
Certains peuples utilisaient même de longs cheveux tressés finement. @

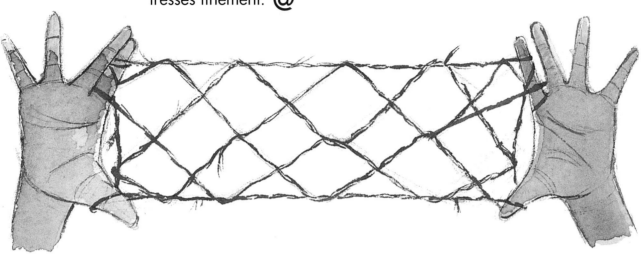

**On retrouve des jeux de ficelle identiques dans des pays différents, mais ils ne portent pas le même nom.**
C'est le cas de la souris, un jeu de ficelle inuit.
Quand on tire sur la corde, la petite souris s'enfuit.
En Europe, cette figure est appelée le voleur de patate.
En Amérique du Sud, on la nomme le serpent. @

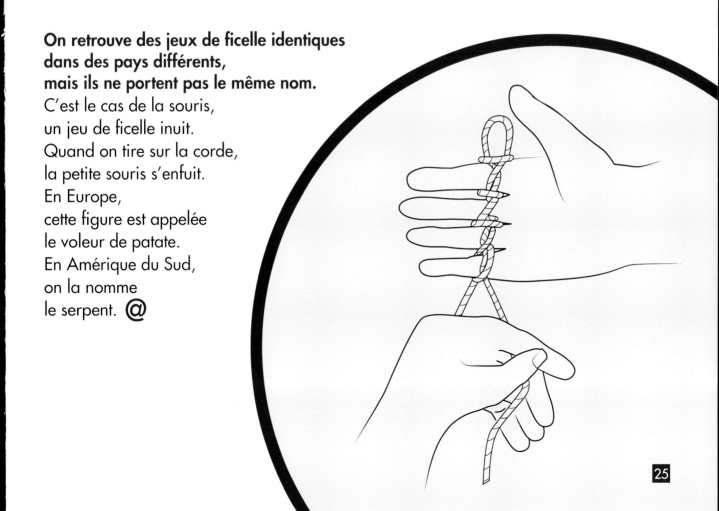

# Fabrique ta ficelle

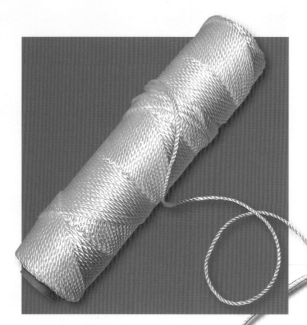

La corde de nylon est le meilleur choix.
Elle glisse bien sur les doigts
et se démêle facilement.
Une corde de coton, un lacet
ou un gros fil de laine
feront aussi l'affaire.

Coupe ta corde
à une longueur
de 1,50 mètre.
Réunis les extrémités
de manière à former
une boucle.

Attache solidement les bouts ensemble.
Tu peux utiliser de la colle
ou faire un nœud plat. @

**Le nœud plat est très facile à exécuter.**

**1** Croise les deux bouts de la corde en plaçant le gauche derrière le droit.

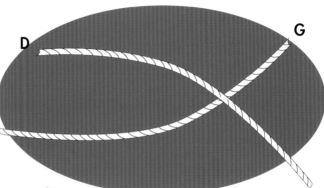

**2** Fais tourner le bout droit autour du bout gauche et ramène-le vers l'avant.

**3** Croise à nouveau les deux bouts de la corde en plaçant le droit devant le gauche.

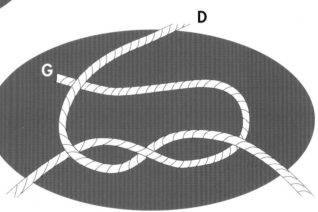

**4** Fais tourner le bout droit autour du bout gauche et ramène-le vers l'avant.

**5** Tire doucement pour resserrer le nœud, en tenant fermement chacun des bouts.

# À toi de jouer !

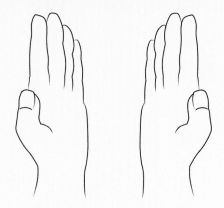

**Place tes mains face à face, les doigts pointés vers le haut.**
C'est la position de départ.
Tu dois reprendre cette position après chaque mouvement.

## Exerce-toi à effectuer la figure de base.

**1** Place la **boucle** de la ficelle autour de chacun de tes pouces. Éloigne tes mains l'une de l'autre jusqu'à ce que la ficelle soit bien tendue.

> **boucle :**
> quand la ficelle contourne un doigt, on dit qu'elle forme une boucle.

**2** Glisse tes auriculaires à l'intérieur de la boucle en passant par-dessous.

**3** Ramène tes mains à la position de départ.

**4** Passe ton index droit sous la longueur de ficelle qui traverse la paume de ta main gauche.

**5** Passe ton index gauche sous la longueur de ficelle qui traverse la paume de ta main droite.

**6** Ramène ta main gauche à la position de départ.

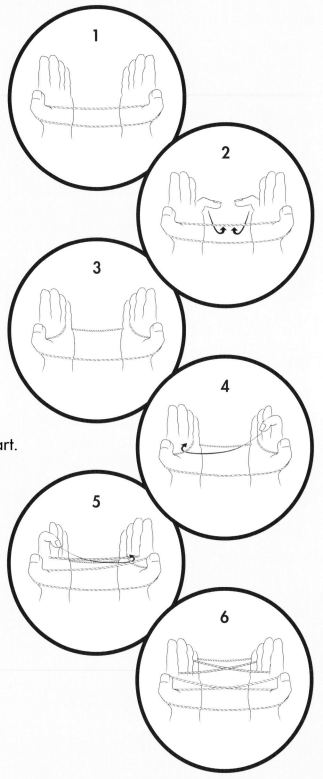

Maintenant que tu connais
la figure de base, tu peux apprendre
plusieurs autres figures. @

Essaie celle-ci.

**1** Répète les étapes 1, 2 et 3
de la figure de base.

**2** Passe ton index droit sous la longueur
de ficelle qui traverse la paume de ta main
gauche et tire légèrement. Fais tourner
deux fois ton index dans le sens des aiguilles
d'une montre pour tordre la ficelle.

**3** Ramène ta main droite à la position
de départ.

**4** Passe ton index gauche dans la boucle
maintenue par l'index droit. Glisse-le sous
la ficelle qui traverse la paume. Ramène
la main gauche à la position de départ.

**5** Laisse aller les boucles maintenues
par ton pouce et ton auriculaire droits.
En même temps, tire avec ton index droit
pour faire glisser le nœud vers
ta main gauche.

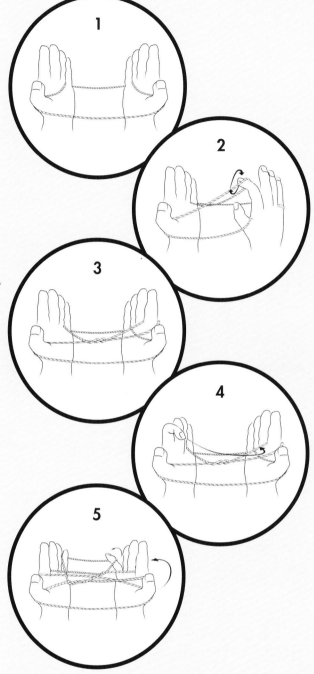

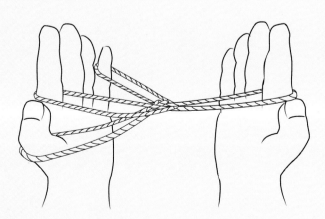

**Bravo! Tu as fait apparaître
le traîneau tiré par les chiens.**
Cette figure est aussi appelée
le balai, le palmier
et le harpon. @

# Des jeux pour observer

**1** Trouve l'intrus qui s'est glissé parmi les objets suivants.

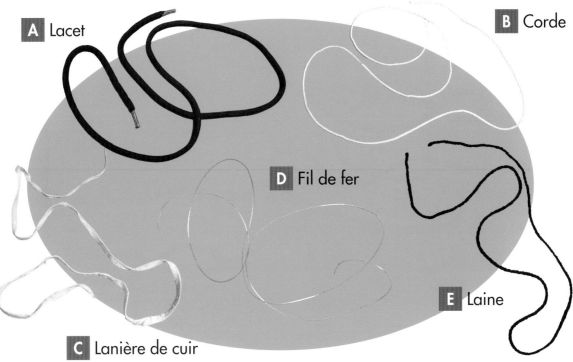

**A** Lacet

**B** Corde

**D** Fil de fer

**E** Laine

**C** Lanière de cuir

**2** Un de ces nœuds est recommandé pour nouer les bouts de la ficelle. Lequel ?

**A**

**B**

**C**

30

## Reconnais-tu le couteau des femmes inuites ?

A

C

B

D

## Avec lequel de ces objets les Inuits s'éclairaient-ils autrefois ?

A

B

C

Réponses : 3 • C. Le ulu.
4 • B. Avec la lampe à huile sculptée dans la stéatite.

31

## Réponds par VRAI ou FAUX aux affirmations suivantes.

**(Sers-toi du numéro de page indiqué pour vérifier ta réponse.)**

**1** En inuktitut, le mot inuk signifie « ours ».
PAGE 2

**2** Les Inuits pratiquaient les jeux de ficelle durant les longues nuits d'hiver.
PAGE 24

**3** Les chevaux ont joué un rôle important dans la vie des Inuits, à l'époque où ils étaient nomades.
PAGE 22

**4** Certains peuples fabriquaient des ficelles avec de longs cheveux tressés finement.
PAGE 25

**5** La corde de nylon est le meilleur choix pour fabriquer une ficelle.
PAGE 26

**6** En position de départ, on place les mains face à face, les doigts pointés vers le haut.
PAGE 28

**7** Quand la ficelle contourne un doigt, on dit qu'elle forme une croix.
PAGE 28

Réponses : 1 FAUX 2 VRAI 3 FAUX 4 VRAI 5 VRAI 6 VRAI 7 FAUX

## Catalogage avant publication de Bibliothèque et Archives Canada

Roberge, Sylvie

**Les jeux de ficelles**

(Curieux de savoir : avec liens Internet)
Comprend un index.
Sommaire : Ajaraq, la petite fille aux doigts qui dansent / texte
de Jacques Pasquet.
Pour enfants de 6 ans et plus.

ISBN 978-2-89512-564-8

1. Jeux de ficelle – Ouvrages pour la jeunesse. I. Grimard,
Gabrielle, 1975-    . II. Pasquet, Jacques. Ajaraq, la petite fille
aux doigts. III. Titre. IV. Collection : Curieux de savoir.

GV1218.S8R62 2007    j793.9'6    C2006-942258-3

**Direction artistique, recherche et texte documentaire :**
Sylvie Roberge

**Direction artistique de la couverture :** Marie-Josée Legault

**Graphisme et mise en pages :** Dominique Simard

**Illustration du conte, de la page 1 de couverture, dessins de
la table des matières et des pages 2, 22, 23,
24 (haut), 25 (haut) :** Gabrielle Brimard

**Dessins des pages 24 (bas), 25 (bas), 27, 28, 29 :**
Guillaume Blanchet

**Photographies :**

© Emanuel Lowi, page 24

© Sylvie Roberge, pages 1 de couverture, 20, 21, 22, 23, 26,
30, 31

**Autres sources**

Collection Michel Noël, pages 22, 23, 31

**Révision et correction :**
Corinne Kraschewski

Nous remercions le Conseil des Arts du Canada de l'aide
accordée à notre programme de publication.

Nous reconnaissons l'aide financière du gouvernement du
Canada par l'entremise du Programme d'aide au développement
de l'industrie de l'édition (PADIÉ) pour nos activités d'édition.

Nous reconnaissons l'aide financière du gouvernement du
Québec par l'entremise du Programme de crédit d'impôt pour
l'édition de livres – SODEC – et du Programme d'aide aux
entreprises du livre et de l'édition spécialisée.

© Les Éditions Héritage inc. 2007
Tous droits réservés
Dépôt légal : 2e trimestre 2007
Bibliothèque et Archives du Québec
Bibliothèque nationale du Canada

**Dominique et compagnie**
300, rue Arran, Saint-Lambert (Québec) J4R 1K5
Téléphone : 514 875-0327 ; Télécopieur : 450 672-5448
Courriel : dominiqueetcompagnie@editionsheritage.com

Imprimé en Chine
10 9 8 7 6 5 4 3 2 1

## Curieux de savoir

**AVEC LIENS INTERNET** offre une foule d'informations
aux enfants curieux. Le signe @ t'invite à visiter la page
**www.dominiqueetcompagnie.com/pedagogie**
afin d'en savoir plus sur les sujets qui t'intéressent.